T0147023

Los dilemas en la infancia.
The dilemmas in childhood.

Los dilemas en la infancia.
The dilemmas in childhood.

Andrea Saldaña Rivera

Para realizar pedidos de este libro, contacte con:
Palibrio
1663 Liberty Drive
Suite 200
Bloomington, IN 47403
Gratis desde EE. UU. al 877.407.5847
Gratis desde México al 01.800.288.2243
Gratis desde España al 900.866.949
Desde otro país al +1.812.671.9757
Fax: 01.812.355.1576
ventas@palibrio.com
811670

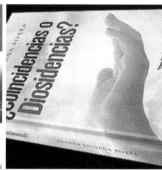

Primera Edición, Marzo 2020 Andrea Saldaña Rivera.

Correo: srandrea@prodigy.net.mx Web page: Andreasaldana.online

Youtube: Andrea Saldaña Rivera

Esta publicación debe citarse como:

Andrea Saldaña Rivera, Los dilemas en la infancia o

Andrea Saldaña Rivera. The dilemmas in childhood.

Dedicatoria

Para las niñas y los niños con interés en este mundo que habitan. Espero que descubran las pistas incluidas en esta publicación. Que su camino les lleve a un mejor crecimiento, desarrollo y bienestar.

Ojalá las madres, padres, otros familiares y docentes lo encuentren útil para apoyar la adquisición de conocimientos y desarrollo de las actitudes y aptitudes en la niñez.

Dedication

For girls and boys with an interest in this world they inhabit. I hope you will discover the clues included in this post. May their path lead to better growth, development and well-being.

May mothers, fathers, other family members and teachers find this useful in supporting knowledge acquisition and development of attitudes and skills in children.

Prólogo

Colorear y dibujar son actividades divertidas. Si se utilizan desde la infancia, podrían ser de ayuda para comprender mejor el mundo. Esta actividad prepara para adquirir habilidades y destrezas. Se empieza con trazos hasta desarrollar (o no) el gusto por hacerlo. Los textos vienen en español e inglés. Se puede sugerir que, usando sus propias palabras, escriba algo diferente al texto que acompaña al dibujo.

Por qué colorear? Quienes saben de pedagogía señalan 5 razones:

1. Colorear desarrolla el área psicomotriz. Es decir, ayuda a mejorar la coordinación motora de movimientos finos, entre las neuronas, sus circuitos cerebrales, la vista, la habilidad y precisión de los movimientos de la mano.
2. Colorear mejora el área actitudinal, puede hacerse en soledad o en grupo. Existen estudios donde afirman que, en un ambiente no competitivo, la pintura se convierte en fuente de alegría y satisfacción. Esto eleva la autoestima. El elogio ayuda, no lo olvide.
3. Colorear fortalece la inteligencia emocional, para comprender mejor el mundo y sus cambios. Impulsa la creatividad y permite abrirse a conceptos abstractos del pensamiento, dado que participan ambos hemisferios cerebrales.
4. Aumenta la motivación por aprender. Especialmente al usar letras y números como dibujos. La combinación de elementos cognoscitivos estimula la creatividad y beneficia el aprendizaje.
5. Finalmente, induce mayor concentración desde tempranas edades. También, permite un mayor autocontrol de las emociones y otros estados de excitación.

Prologue

Coloring and drawing are fun activities. If used since childhood, they could help to better understand the world. This activity prepares to acquire skills and capabilities. You start with strokes until you develop (or don't) the taste to do it. The texts come in Spanish and English. It may be suggested that, using your own words, write something different from the text that accompanies the drawing.

Why color? Those who know about pedagogy point out 5 reasons:

1. Coloring develops the psychomotor area. That is, it helps to improve the motor coordination of fine movements, between neurons, their brain circuits, sight, skill and precision of hand movements.
2. Coloring improves the attitudinal area, can be done in solitude or in group. There are studies where they claim that, in a non-competitive environment, painting becomes a source of joy and satisfaction. This raises self-esteem. Praise helps, don't forget.
3. Coloring strengthens emotional intelligence, to better understand the world and its changes. It promotes creativity and allows it to open up to abstract concepts of thought, since both brain hemispheres participate.
4. Increases motivation to learn. Especially when using letters and numbers as drawings. The combination of cognitive elements stimulates creativity and benefits learning.
5. Finally, it induces a higher concentration from early ages. It also allows for greater self-control of emotions and other states of excitement.

PREPAREN SU LAPIZ Y LA CAJA CON LÁPICES DE COLORES.

PREPARE YOUR PENCIL AND BOX WITH COLOR PENCILS.

Colorear y dibujar son actividades divertidas. Si se utilizan desde la infancia podrían ayudar a comprender mejor el mundo. Prepara para adquirir habilidades y destrezas en la pintura. Generalmente se empieza con trazos hasta desarrollar (o no) el gusto por hacerlo... mmm veremos.

Coloring and drawing are fun activities. If used since childhood they could help to better understand the world. Prepare to acquire painting skills and capabilities. Usually you start with strokes until you develop (or not) the taste to do it... mmm we'll see.

Al amanecer, la humedad del rocío... pinta el cielo de colores: *"Es un cielo mañanero... La mañana se divide en pedacitos de barro, en retazos de agua nieve y en sílabas musicales ¡Es un cielo mañanero, alegre como el carbón! La mañana va de prisa cantando bajo la escarcha, garbo, salero y donaire sus pasos al caminar ¡Es un cielo mañanero, alegre como el carbón!*

At dawn, the dampness of the dew... paints the sky in colors: *"It's a morning sky... The morning is divided into pieces of clay, in slivers of sleet and musical syllables, It's a morning sky, as happy as carbon!, the morning is already in a hurry singing under the frost, grace, charm and wit your steps when walking ¡It's a morning sky, as happy as carbon!*

Desde un punto de vista realista, valiente y muy particular Virginia Woolf pregunta: ¿qué necesitan las mujeres para escribir buenas novelas? La respuesta: independencia económica y personal. Es decir, *Una habitación propia*, así tituló este libro que te recomiendo, espero que esta imagen te ayude a recordarlo.

From a realistic, courageous and very particular point of view Virginia Woolf asks: what do women need to write good novels? The answer: economic and personal independence. That is, a room of its own, so titled this book that I recommend, I hope this image will help you remember it.

Nací un primero de septiembre, emulando a Saramago diré que no necesito decir el año. Yo también, como él y como muchas personas "... tengo *la edad que quiero y siento. La edad en que puedo gritar sin miedo lo que pienso*".

I was born on a First of September, emulating Saramago I will say that I do not need to say the year, so do I, like him and like many people "... *I'm the age I want and feel. The age at which I can scream without fear what I think*."

¿De dónde vienen los niños? La respuesta fue que la partera cargaba en su maletín el hermanito que tradicionalmente llegaba cada dos años. Quizá la anécdota, repetida tantas veces, influyó en mi decisión. Estudié enfermería y obstetricia, aunque al final me decidí por la salud pública.

Where do the children come from? The answer was that the midwife carried in her briefcase the little brother who traditionally arrived every two years. Perhaps the anecdote, repeated so many times, influenced my decision. I studied nursing and obstetrics, although in the end I decided on public health.

De niña me prohibieron jugar a las *"choyitas"* con mi amigo el *"Bibis"*. Mi padre se negó a darme razones. Me mandó a preguntarle a mi madre. Ella repitió el estribillo de moda en aquellos tiempos *"las niñas juegan con niñas y los niños con niños"*.

As a child I was banned from playing "choyitas" with my friend the "Bibis". My father refused to give me reasons. He sent me to ask my mother. She repeated the fashion chorus at the time "girls play with girls and boys with boys."

Los modelos y rituales son importantes desde la infancia. Mis muñecas estaban guardadas, mientras aprendía a cuidarlas. Entendí. Conforme crecían mis habilidades en su manejo, jugaba con ellas usando además juegos de té y enseres domésticos.

Models and rituals have been important since childhood. My dolls were in storage, while I was learning to take care of them. Understood. As my driving skills grew, I played with them using tea sets and household appliances.

El personaje de Heidi fue uno de mis favoritos. Bauticé a mi muñeca con su nombre. Mi hermano y yo jugamos a bañarla, vestirla y acostarla. Ambos la cuidamos. Hoy comprendo que esta actividad fue importante en nuestro desarrollo. Especialmente porque lo hicimos sin estereotipos, ejerciendo la igualdad.

Heidi's character was one of my favorites. I baptized my doll with her name. My brother and I played bathing, dressing and putting her to bed. We both take care of her. Today I understand that this activity was important in our development. Especially since we did it without stereotypes, exercising equality.

Hoy puedo entender la diferencia entre la realidad y la imaginación. En la infancia, me fue difícil separar ambas. El pueblo estaba rodeado de cerros, sus rocas eran calizas. La vegetación incluía matorrales desérticos, cactos y mezquites. En el campo había milpas, jardines con césped, árboles y flores adornaban las plazas principales, iglesias, escuelas y oficinas de gobierno.

Today I can understand the difference between reality and imagination. In childhood, it was difficult for me to separate the two. The village was surrounded by hills, its rocks were limestone. The vegetation included desert edrines, cacti and mesquites. In the countryside there were milpas, gardens with lawns, trees and flowers adorned the main squares, churches, schools and government offices.

Subir a los cerros fue siempre una gran aventura. Trepar a las peñas de mayor tamaño nos alejaba de la realidad. Podíamos pensar en los Alpes Suizos, cercanos a la frontera con Austria. Los conocimos gracias a los cuentos de Heidi. Nevar era un fenómeno frecuente en esos episodios.

Climbing the hills was always a great adventure. Climbing to the larger rocks kept us away from reality. We could think of the Swiss Alps, close to the Austrian border. We met them thanks to Heidi's stories. Nevar was a common phenomenon in those episodes.

El pastor que solía encontrarme en el camino nunca entendió porque lo llamaba Pedro. Su nombre era José. Cada vez que nos encontrábamos me lo repetía, yo solo me reía y volvía a olvidarlo. En mi mente seguía recordando a Pedro, el pastor, amigo y compañero de juegos de Heidi, en sus muchas aventuras.

The shepherd who used to meet me on the road never understood because he called him Peter. His name was Joseph. Every time we met, he kept repeating to me, I just laughed and forgot it again. In my mind I kept remembering Peter, Heidi's pastor, friend and playmate, on his many adventures.

Al igual que Heidi, el personaje de la historia, tuve el cariño de mis padres, de la familia entera y de tantas personas, que apenas las recuerdo. Aunque, no supe del cariño de los abuelos. Murieron antes de que pudiera conocerlos. Aprendí la letra de la canción que entonaba para ellos: *"Abuelito, dime tú, lo que dice el viento en su canción. Abuelito, dime tu ¿por qué yo soy tan feliz?..."* Tal vez, tuve de Heidi una infancia de espejo, modelo y arquetipo para aprender a amar.

Like Heidi, the character in the story, I had the affection of my parents, the whole family and so many people, that I barely remember them. Although, I didn't know about grandparents' love. They died before I could meet them. I learned the lyrics of the song I was singing for them: *"Grandpa, you tell me, what the wind says in their song. Grandpa, you tell me why I'm so happy?..."* Maybe I had Heidi's childhood as a mirror, model and archetype to learn to love.

Recuerdo con cariño el pueblo donde pasé mi infancia. Las casas tenían el calor necesario para abrigarnos esas noches de invierno. El verde de los árboles, plantados gracias al amor de nuestros ancestros, eran los responsables de la sombra tan fresca del verano. Surgían sueños y proyectos. Hacerlos realidad fue una tarea a la que se sumaron gustosos nuestros padres.

I remember fondly the town where I spent my childhood. The houses were warm enough to warm us up those winter nights. The green of the trees, planted by the love of our ancestors, were responsible for the cool shade of summer. Dreams and projects arose. Making them come true was a task that our parents were happy to join.

Siempre había flores en casa, dentro, en los floreros, venían de nuestro jardín. Mi madre nos inculcó el amor y el cuidado a la naturaleza. Apreciamos su belleza, los aromas y los ahorros en nuestra economía. Más que nada, valoramos las enseñanzas que nos dejó.

There were always flowers at home, inside the vases, they came from our garden. My mother instilled in us love and care for nature. We appreciate its beauty, aromas and savings in our economy. More than anything, we value the teachings she left us.

Recuerdo la casa en el árbol. Llena de magia. Concebimos ese espacio para que, al igual que en varias películas, pudiéramos tener privacidad. Jamás lo pensamos como un sitio exclusivo para niñas o niños. Siempre logramos convivir en un clima de armonía y solidaridad. Cada quien aportó materiales y adornos. Conseguimos que nuestro proyecto reflejara fielmente, la diversidad de nuestros intereses.

I remember the house in the tree. Full of magic. We enceded that space so that, as in several films, we could have privacy. We never think of it as an exclusive space for girls or boys. We always manage to live together in a climate of harmony and solidarity. Everyone contributed materials and ornaments. We got our project to faithfully reflect the diversity of our interests.

Nuestra casa del árbol fue tantas cosas a la vez: escondite, observatorio, salón de fiestas y un hogar en miniatura. Nos divertimos asumiendo roles e improvisando sobre temas con diversos finales. El árbol tenía raíces firmes, profundas. Tal vez por ello sigue robusto, vigoroso. La casa intacta, aguarda por las nuevas generaciones. Esperemos que jueguen para fortalecer sus sueños, porque tal vez mañana, sean una realidad.

Our tree house was so many things at once: hideout, observatory, party room and a miniature home. We have fun taking on roles and improvising on topics with various endings. The tree had firm, deep roots. Perhaps that's why it's still sturdy, vigorous. The house is intact, it awaits the new generations. Let's hope they play to strengthen their dreams, because maybe tomorrow, they'll be a reality.

El quiosco del pueblo fue traído de París, Francia, en el siglo XIX. Aún está en la Plaza principal del pueblo. En él se han realizado eventos militares, ciudadanos, de arte, de música, baile, competencias de bandas y hasta actos políticos. Me gusta el verde del césped y los árboles, los colores de las flores, las plantas y los cactos. La plaza jugó un importante papel en nuestra infancia. Desde entonces, el orgullo por la pertenencia a la patria chica, es un sentimiento que se fortalece cada día.

The kiosk of the town was brought from Paris, France, in the 19th century. It's still in the town's main square. It has held military, citizen, art, music, dance events, band competitions and even political meetings. I like the green lawns and trees, the colors of the flowers, the plants and the cacti. The square played an important role in our childhood. Since then, pride in belonging to the small country, is a feeling that is strengthened every day.

Las vacaciones no solo eran los días de descanso de la escuela. Se volvió costumbre visitar a la familia paterna que radicaba en Cd Madero, Tamps. Además del cariño, nos arrastraba la añoranza por el mar, sus olas y sonidos pausados o furiosos, el olor, la arena y sus atardeceres. Ahí frente a la mar, con la mirada, perseguía sus corrientes, sus mareas, mientras mis pensamientos, volaban libremente.

Holidays weren't just the school's rest days. It became customary to visit the paternal family based in Cd Madero, Tamps. In addition to affection, we were drawn by the sea. Its waves and leisurely or furious sounds, the smell, the sand and its sunsets. There in front of the sea, with his gaze, he pursued his currents, his tides, while my thoughts, flew freely.

Poco a poco las familias entienden que los juguetes no pueden limitarse a un determinado sexo. Los roles van cambiando y con ellos, la permisividad cultural y la capacitación en todas las actividades se da para ambos géneros.

Gradually families understand that toys cannot be limited to a certain sex. Roles change and with them, cultural permissiveness and training in all activities is given for both genders.

Hoy se reconoce como la cultura ha llegado a modificar los roles de género. Niñas y niños se benefician de esta apertura, desarrollan con mayor libertad sus capacidades y potencial como seres humanos.

Today It is recognized how culture has come to change gender roles. Girls and boys benefit from this openness, develop more freely their abilities and potential as human beings.

Volviendo al pasado...recuerdo esa navidad que me dejó una bicicleta roja, era chica, tenía frenos coaster (de contrapedal). Mi padre, tuvo que ajustar el manubrio a mi altura. En ella, empecé a recorrer caminos, diseñar rutas, disfrutar la soledad y hacerme preguntas.

Going back in time... I remember that Christmas that he left me a red bike. It was small. It had coaster brakes. My father had to adjust the handlebars to my height. In it, I started walking paths, designing routes, enjoying solitude and asking myself questions.

¿Por qué no puedo ser o tener lo mismo que mi hermano, o porque él no puede hacer lo que yo hago? Mi madre contestaba "*porque tu eres niña y él es niño*". Nos vimos en riesgo de perder la oportunidad de vivir "*lo masculino*" de mí como mujer y "*lo femenino*" en él como hombre. Sin embargo, el carácter y el estudio lograron compensar estas carencias.

Why can't I be or have the same as my brother, or because he can't do what I do? My mother answered "because you're a girl and he's a boy." We were at risk of missing the opportunity to live "the masculine" of me as a woman and "the feminine" in it as a man. However, character and study were able to compensate for these shortcomings.

¿Por qué es más peligroso que las niñas se lastimen al caer? Yo veía que mis hermanos sangraban igual o más que yo. Las fracturas no fueron ninguna sorpresa para ninguno de nosotros. Las advertencias de mi madre, fueron matizadas por los estereotipos de género, después lo comprendí.

Why is it more dangerous for girls to get hurt when they fall? I saw my brothers bleed the same or more just like me. The fractures were no surprise to any of us. My mother's warnings were nuanced by gender stereotypes. Then, I understood.

Los paseos cotidianos se convertían en improvisados campeonatos. Desafortunadamente muy pocas ocasiones llegué a perder. Quizá la sonrisa de quienes lo hacían, debió ser una pista. Entendí ese consejo de mi maestra Teodora: que la única manera para demostrar que eres un buen deportista, es enfrentar con dignidad la derrota, al menos alguna vez.

The daily walks became impromptu championships. Unfortunately very few occasions I lost. Maybe the smile of those who did it must have been a clue. I understood that advice from my teacher Theodora: that the only way to prove that you are a good sportsman, is to face defeat with dignity, at least once.

Cada día menos compañeros aceptaban jugar conmigo. Era diestra con el trompo, las canicas, el yoyo, el balero y en otros juegos entonces limitados al sexo masculino. Pensé que su ego no les permitía ser derrotados por una niña. No entendí la presión de su grupo. Poco me duraban las amistades. Con el tiempo, aprendí como hacer nuevos amigas/os... y conservarlos.

Every day fewer teammates agreed to play with me. She was right-handed with the trumpet, marbles, yo-yo, the batboat and in other games then limited to the male sex. I thought their ego wouldn't allow them to be defeated by a girl. I didn't understand the pressure of your group. I had little duration of friendships. Over time, I learned how to make new friends... and keep them.

En mi infancia y adolescencia asistí a la iglesia. Aún lo hago...con menos frecuencia. Me acostumbré a rezar en cualquier lugar. Siento que Dios me escucha. Percibo el calor de su presencia. Aprecio la verdad de las palabras *"Dios está en la tierra, en el cielo y en todo lugar"* Me las enseñaron en mi primera infancia, jamás las olvidé.

In my childhood and adolescence I attended church. I still do... less often. I got used to praying anywhere. I feel that God listens to me. I sense the warmth of his presence. I appreciate the truth of the words "God is on earth, in heaven, and everywhere" I was taught in my early childhood, I never forgot them.

Ignoraba que el patriarcado también conlleva riesgos para los hombres. Que esta educación les lleva a ejercer violencia contra ellos mismos y contra las mujeres. Hoy sé que propicia hábitos nocivos para su salud: adicciones, muerte prematura o la cárcel. Espero que encuentren un nuevo modelo de masculinidad que les permita desarrollarse en armonía y vivir con mayor plenitud.

I was unaware that patriarchy also carries risks to men. That this education leads them to exercise violence against themselves and against women. Today I know that it promotes habits harmful to your health: addictions, premature death or jail. I hope you will find a new model of masculinity that will allow you to develop in harmony and live more fully.

En todos los países se ha venido luchando por los derechos de las mujeres. Por desterrar hábitos nocivos del patriarcado. Aunque también se impulsan políticas, acciones y una educación que permita un crecimiento en pie de igualdad con los hombres, ni más, ni menos.

Every country has been fighting for women's rights. For banishing harmful habits of patriarchy. But policies, actions and education that allow for equal growth with men, no more, no less, are also promoted.

Y de nuevo, las preguntas de antaño ¿Por qué debo estudiar una carrera corta por ser niña? ¿Qué sea propia para mujeres? El insaciable juego de los estereotipos de ambos géneros ha impactado absurdamente en mi vida. Lo hizo con tantas mujeres y hombres de mi generación.

And again, the questions of yesteryear Why should I study a short career because I am a child? What's proper for women? The insatiable game of stereotypes of both genres has absurdly impacted my life. He did it with so many women and men of my generation.

¿Podemos jugar con Pancho? Mi pregunta fue contestada con un rotundo no. Pancho, a quien le decían Fanny, era de lo más servicial y atento. No podía imaginar las razones. La pregunta jamás pudo ser formulada. La curiosidad, aunada a la imaginación y a la ignorancia, endurecen ancestrales historias y prejuicios.

Can we play with Pancho? My question, was answered with a resounding no. Pancho, who was called Fanny, was most helpful and attentive. I couldn't imagine the reasons. The question, could never be asked. Curiosity, in addition to imagination and ignorance, harden ancestral stories and prejudices.

Aún tengo preguntas sin respuesta. *¿Por qué a las niñas se les deja llorar y a los niños se les regaña si lo hacen?* De chica lloré poco. Algunas veces, tal vez fue por solidaridad con mis hermanos. Otras, sería la imitación, pero cuando me abstuve de hacerlo, debo reconocerlo, era por una franca y directa competencia.

I still have unanswered questions. Why are girls being left to cry and boys are scolded if they do? As a girl I cried little. Sometimes, maybe it was out of solidarity with my brothers. Others, it would be imitation, but when I refrained from doing so, I must admit, it was for frank and direct competition.

Luego de una niñez y una juventud con pocas y muy *"justificadas"* ocasiones de llanto, la actitud se hizo más permisiva. Dejé asomar esa humedad salada y encontré un gran alivio. Aunque en ocasiones resulte socialmente impropio me contagian el llanto en los sepelios y en fiestas infantiles. Me he vuelto una chillona, he aprendido a aceptarlo. ¿Será que me ha servido la costumbre de enjuagar el alma con frecuencia?

After a childhood and a youth with few and very "justified" occasions of crying, the attitude became more permissive. I let that salty moisture peek and found a great relief. Although sometimes socially inappropriate I am given the crying in the burials and in children's parties. I've become a squeak, I've learned to accept it. Is it that it's been a good habit of rinsing my soul often?

En esto del feminismo estoy de acuerdo con Ángeles Mastreta: al igual que ella creo que es un instinto, porque lecturas y teorías me llegaron más tarde. Las reflexiones en adolescentes de ambos sexos resultan hoy en día bastante alentadoras. Aún no están seguros de lo que quieren, pero cada día, se convencen más de lo que no desean para su vida.

In this of feminism I agree with Angels Mastreta: just like her I think it's an instinct, because readings and theories came to me later. The reflections on adolescents of both sexes are now quite encouraging. They're still not sure what they want, but every day, they convince thetwo more than they don't want for their lives.

A los 10 años tuve mi primera experiencia. Mis amigas hablando de sexualidad. Casi me lío a golpes con la que dijo que el bebé que esperaba mi mamá, estaba en su panza. Yo sabía que la partera lo traía en el negro maletín que cargaba. Pasaron años para sacarme de mi error.

When I was 10, I had my first experience. My friends talking about sexuality. I almost beat myself up with the one who said the baby my mom was expecting was in her belly. I knew the midwife was carrying him in the black briefcase he was carrying. It took years to get me out of my mistake.

Aceptación o rechazo en la niñez. Entendí que está determinada por la personalidad. Se toman en cuenta la inteligencia, la apariencia física y el estado atlético de él o ella. Este último suele ser un factor decisivo para la aprobación del grupo. Y sin embargo, hay tantos otros factores, solo la madurez y la experiencia acaban con estos estereotipos.

Acceptance or rejection in childhood. I understood that it's determined by personality. The intelligence, physical appearance and athletic status of him or her are taken into account. The latter is usually a decisive factor in the approval of the group. And yet there are so many other factors, only maturity and experience end these stereotypes.

En secundaria practiqué juegos y deportes con mis compañeros. Aprendí a nadar, a jugar básquet, volibol, tenis y tiro al blanco. Algunos amigos me protegían, en especial, de quienes deseaban convertirse en algo más.

In high school I practiced games and sports with my classmates. I learned to swim, to play basketball, volleyball, tennis and shooting. Some friends protected me, especially those who wanted to become something else.

El hábito del deporte es indispensable para la salud. Las materias en secundaria incluían motivación. En la clase de música cantábamos "*Al deporte vayamos ansiosos...*" *en inglés traducíamos la" página deportiva",* *en historia nos contaban las vidas de hombres y mujeres que lograron ser medallistas olímpicos...entre otras.*

The habit of sport is indispensable for health. The subjects in high school included motivation. In the music class we sang '"*To sport let's go anxious...' in English we translated the "sports page", in history they told us the lives of men and women who became Olympic medalists... among others.*

Empecé desde mi tierna infancia a recorrer mi pueblo y sus alrededores. La naturaleza embellecía cualquier lugar. No encontraba la razón por la cual se les dedicaban poemas al árbol, al mar, a las cascadas, a cualquier elemento del medio ambiente. Mi tío Felipe me lo explicó diciendo: *"Es algo que entenderás al tiempo que asumas el compromiso para conservarlo"*. Tenía razón.

I started from my sweet childhood to tour in my village and its surroundings. Nature embellished any place. Icould not find the reason why poems were dedicated to the tree, to the sea, to the waterfalls, to any element of the environment. My uncle Philip explained it to me by saying, *"It's something you'll understand while you're making a commitment to keep it."* He was right.

Logré tender puentes, al menos en bocetos. "*Puente*", es una imagen y palabra con tantos significados. Hay que olvidar los muros. Mejor hablar de puentes, de "*tender puentes*" entre los seres humanos, especialmente como pareja, así se refiere a ellos Benedetti "*...mi táctica es hablarte y escucharte, construir con palabras un <u>puente indestructible</u>*".

I managed to build bridges, at least in sketches. "*Bridge*" is an image and word with so many meanings. We must forget the walls. Better to talk about bridges, to "*build bridges*" between human beings, especially as a couple, as Benedetti refers to them "*... my tactic is to talk to you and listen to you, to build in words an indestructible <u>bridge</u>.*"

¿Mascotas? Fueron más, mucho más que mascotas en mi vida. "Nubecita" fue una de ellas. A pesar de que en ese tiempo no hablaba de otra cosa, nunca pude hilvanar una feliz descripción de ella. Un cúmulo de nubes dibujaba su entorno, sobresalían en esa blancura unos ojos obscuros que, aunque en ocasiones reflejaban cierta desesperanza, parecían animarse cuando la llamaba al regresar de la escuela.

Pets? They were more, much more than pets in my life. "Nubecita" was one of them. Even though she didn't talk about anything else at the time, I could never spin a happy description of her. A cluster of clouds drew its surroundings, with dark eyes protruding in that whiteness, which, although sometimes reflected a certain hopelessness, seemed to cheer her up when he called her back from school.

Mi gatita fue una herencia de mi tía Tila. Viven en mi memoria sus palabras *"Missy, Missy, Missy"*. Así era como ella buscaba a su gatita, entre las macetas y los arbustos. Ella decía que su Missy tenía *"el alma de duende, el cuerpo de sombra, el pelo negro, suave como el terciopelo y los ojos color esmeralda"*.

My kitten was an inheritance from my Aunt Tila. In my memory, their words "Missy, Missy, Missy" live. That's how she looked for her kitten, between the pots and the bushes. She said her Missy had "the goblin soul, the shadow body, the black hair, soft as velvet and the emerald eyes."

Llegó el tiempo en que Missy decidió permanecer encerradita. En verano contemplaba la luna y las estrellas y en otoño e invierno se quedaba cerca de la chimenea. Inmóvil y en silencio. Mirando fijamente esa danza del fuego. Viendo los colores de las llamas y sus pavesas, donde seguramente... encontraba sus recuerdos.

The time has come when Missy decided to remain locked up. In summer, he gazed at the moon and the stars, and in autumn and winter he would stay close to the fireplace. Still and silent. Staring at that dance of fire. Seeing the colors of the flames and their pavesas, where surely... found her memories.

Una tarde encontré cerca de mi conejito, un animal colorado, con sus párpados hinchados. Primero pensé que era una rata. Llamé a mi madre. Nos dimos cuenta que el conejito...era hembra y estaba pariendo. Fueron seis conejitos, eran tan feos, pero unas semanas después ya se parecían a mi coneja. Mi primera experiencia con el proceso de la reproducción.

One afternoon I found near my bunny a red animal, with its swollen eyelids. At first I thought it was a rat. I called my mother. We realized that the bunny... she was female and was give birth. It was six bunnies, they were so ugly, but a few weeks later they already looked like my bunny. My first experience, with the reproduction process.

Al regresar de la escuela yo corría al encuentro de mi patita Daisy. Abría atropelladamente el improvisado corral que habían construido mis hermanos. Ella se escondía entre los narcisos, huérfanos de flores por sus juguetonas embestidas. Fingía regañarla, para finalmente rodearla con mis brazos. Su aroma era una mezcla de lluvia de verano con la brisa de la tarde.

When I got back from school, I was running to meet my little daisy. I ran a run-over from the makeshift corral my brothers had built. She hid among the daffodils, orphans of flowers for their playful rammings. I pretended to scold her, to finally surround her, with my arms. Its aroma was a mixture of summer rain with the afternoon breeze.

Había sido abandonada a unos días de nacida. Le pusimos *"Brownie"* por su color entre miel y café. Corríamos en el "Parque Tangamanga". Ahí fue mi compañera y defensora. Sus ojos me miraban fijamente al regresar. Entonces la bañaba y jugábamos. Ella me mojaba mientras yo, trataba de envolverla en la toalla. Estoy segura que nuestra relación me hizo mejor persona.

She had been abandoned a few days away from being born. We named her "Brownie" for his color between honey and coffee. We were running in "Tangamanga Park". That's where my partner and advocate was. Her eyes stared at me when she came back. Then I'd bathe her and play. She wet me while I was trying to wrap it in the towel. I'm sure our relationship made me a better person.

Mi tío Paco vigilaba que siguiera sus instrucciones. Me subí por la parte izquierda del animal, el pie izquierdo en el estribo, agarré la montura con ambas manos y me impulsé hacia arriba. Hice como un arco con la pierna derecha y coloqué el pie derecho en el estribo. Era un potro de buena alzada y tranquilo. Practiqué la equitación. Esta se transformaba en equinoterapia cuando se dirigía a menores o adultas. Es una disciplina de gran utilidad en casos de discapacidad física o daño emocional por violencia.

My Uncle Paco was watching for me to follow his instructions. I climbed up the left side of the animal, my left foot on the stirrup, grabbed the frame with both hands and pushed myself up. I made like an arch with my right leg and placed my right foot on the stirrup. He was a good- and quiet colt. I practiced horseback riding. It was transformed into equinotherapy when directed to minors or adults. It is a discipline of great use in cases of physical disability or emotional harm from violence.

Mi tía María le enseñó varias frases a su cotorrita Flora. Cuando yo llegaba ella decía *"Hola, Hola"*, seguía diciéndolo hasta que alguien le contestaba. Cuando le decíamos *"A bailar cotorrita, a bailar"*, lo hacía al son del mambo de Pérez Prado. Al terminar, ella decía *"Flora tiene hambre"*, yo le daba una galleta ante la mirada divertida de mi tía y los gritos de Flora que decía *"Cotorra, cotorrita, cotorrita"*.

My Aunt Maria taught her parrot Flora several phrases. When I arrived she said, "Hello," she kept saying it until someone answered her. When we said, "To dance parrot, to dance", She did it to the sound of the mambo of Pérez Prado. At the end, she said "Flora is hungry", I gave her a biscuit before the funny look of my aunt and the screams of Flora that said "Parakeet, parrot, parrot".

En mi infancia decía que además de ser partera, iba a dedicarme a ventas. Leí la frase "*La manera de empezar es dejar de hablar y empezar a hacer*". Días después, empecé a vender el lunch que mi madre me preparaba. Luego vendí dulces y chocolates. Después, productos de belleza, servicios de salud, equipo médico y capacitación. Hoy, más que vender libros, quiero compartir ideas, formar lectores/as.

In my childhood I said that in addition to being a midwife, I was going to go into sales. I read the phrase "The way to start is to stop talking and start doing." Days later, I started selling the lunch my mother prepared for me. Then I sold candy and chocolates. Afterwards, beauty products, health services, medical equipment and training. Today, rather than selling books, I want to share ideas, form readers.

Las melodías moldearon el comportamiento de muchos de los que vivimos esa época. Era/es como el reflejo del oleaje, cargado de reminiscencias y de significados ocultos. Puedo unir esta reflexión a la frase de Oscar Wilde *"El arte de la música es el que más cercano se halla de las lágrimas y los recuerdos"*- Será que aquellas serenatas aún están en mis recuerdos.

The melodies shaped the behavior of many of us who lived in that time. It was like the reflection of the swell, loaded with reminiscences and hidden meanings. I can join this reflection with Oscar Wilde's phrase "The art of music is the closest to tears and memories". It is that those serenades are still in my memories.

Se que la técnica del piano es sencilla, pero que se necesitan años para dominarla. Así que me decidí por la guitarra. Pienso igual que Chavela Vargas, que hay que llenar el planeta de violines y guitarras, en lugar de tanta metralla.

I know the piano technique is simple, but it takes years to master it. So I decided on the guitar. I think like Chavela Vargas, that you have to fill the planet with violins and guitars, instead of so much shrapnel.

Mis clases de danza fueron breves, inolvidables. El ballet y el tango fueron mis preferidas. Estoy de acuerdo con Martha Graham quien dice que "*La danza, es el lenguaje oculto del alma*".

My dance classes were brief, unforgettable. Ballet and tango were my favorites. I agree with Martha Graham who says that "*Dance, is the hidden language of the soul.*"

Cuando huele a gardenias, a naranjos en flor
y a zumo de durazno en mar profundo,
siento unas ganas enormes de pintar
aún no lo hago, tal vez, algún día me atreva...

When it smells of gardenias, orange blossoms
and deep-sea peach juice,
I feel a huge desire to paint
I still don't do it, maybe, someday I'll dare...

La pintura no se me ha dado, pero *"al oficio de escribir, me ha llevado la vida y sus amaneceres. Uso mis recuerdos, son dádivas del tiempo que a veces, como sal en el agua, se quedan... hasta el fondo de mi alma."*

The painting has not been given to me, but "to the craft of writing, it has brought me life and its dawns. I use my memories, they are gifts of time that sometimes, like salt in the water, stay... to the bottom of my soul."

Enrique Serna, sostiene que "*Gracias a la liberación femenina el mundo es más habitable que hace cincuenta años, no solo para las mujeres, sino también para los hombres inteligentes...*". Lo mismo piensan varios escritores contemporáneos.

Enrique Serna argues that "Thanks to women's liberation the world is more habitable than fifty years ago, not only for women, but also for intelligent men...". So do several contemporary writers.

Existen épocas en la historia de la humanidad en que las mujeres fuimos profundamente respetadas. Las esculturas más antiguas encontradas en Asia *"Diosas Antiguas"* pertenecen a mujeres, se exalta no solamente su carácter procreador, sino también erótico.

There are times in human history when women were deeply respected. The oldest sculptures found in Asia "Ancient Goddesses" belong to women, it exalts not only their procreative character, but also erotic.

Para esto de crearse a una misma, ayuda pensar en la vida, en las circunstancias, en los condicionantes sociales, en los cambios posibles, en cómo lograrlos y en cómo podrían afectar.

To create oneself, it helps to think about life, circumstances, social constraints, possible changes, how to achieve them, and how they might affect them.

La vida, es como una cuerda floja. Habría que enseñar desde la más tierna infancia a caminar con cuidado, a practicar con frecuencia. De todas maneras, es importante saber que "...*las caídas, son para aprender a levantarse*". Construir redes de apoyo y fortalecerlas, ayuda a la sobrevivencia.

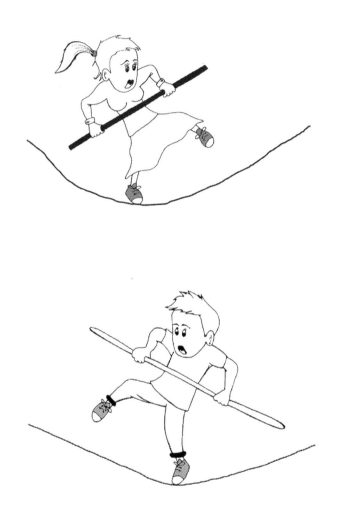

Life is like a tightrope. From the earliest childhood, should be taught to walk carefully, to practice frequently. Anyway, it's important to know, that "...*falls, are for learning to get up*". Build support nets and strengthening them helps to survive.

No me puedo quejar, mi infancia y adolescencia me dejaron tan buenos recuerdos que, con tal de volver a vivirlos, gustosa soportaría los malos ratos que se presentaron. El balance fue positivo.

I can not complain, my childhood and adolescence left me so good memories that, in order to live them again, I would gladly endure the bad times that presented theself. The balance was positive.

Además...
Si el sueño fuera (como dicen) una
tregua, un puro reposo de la mente,
¿por qué, si te despiertan bruscamente,
sientes que te han robado una fortuna?
Jorge Luis Borges.

In addition...If the dream were (as they say) a
truce, a pure rest of the mind,
why, if you get awake abruptly,
do you feel like you've been robbed of a fortune?
Jorge Luis Borges.

Un tesoro se busca siguiendo instrucciones. Necesita tiempo y esfuerzo. Como el proyecto que tiene en sus manos. La publicación fue motivo de alegría y esperanza para quienes participamos en la creación, el diseño, impresión, distribución y venta. El uso, la parte más importante del proceso, es más difícil de conocer. Como autora, espero haya encontrado en él un campo fértil para la creatividad.

A treasure is sought according to instructions. It takes time and effort. Like the project you have in your hands. The publication was a source of joy and hope for those of us who participated in the creation, design, printing, distribution and sale. Using, the most important part of the process, is harder to know. As an author, I hope you have found in him a fertile field for creativity.

Mi despedida: "...*nada parece turbar tus pensamientos,*
a fuerza de alejarte has encontrado la manera más fácil de doblar tu alma
hasta guardarla con cuidado en aquel mueble; apenas se ilumina la página
del libro
y tus manos se vuelven (como siempre has deseado)
hacia el juego sin fin, a la primera insinuación del laberinto".

My farewell: nothing seems to disturb your thoughts,
by force away you've found the easiest way to bend your soul
until you keep it carefully in that furniture; the page of the book barely
lights up
and your hands become (as you've always wanted)
towards endless play to the first insinuation of the maze.

IGUALDAD, NI MÁS, NI MENOS.

EQUALITY, NO MORE, NO LESS.

Parafraseando a Frida Kahlo quien dijo "Me pinto a mi misma, porque soy lo mejor que conozco", yo digo "En ocasiones hablo de mí, para apoyarme en el proceso interminable de conocerme mejor"

To paraphrase Frida Kahlo who said "I paint myself, because I am the best I know", I would say "Sometimes I talk about myself, to support myself in the endless process of getting to know myself better"

Printed in the United States
By Bookmasters